Hi! Schön, dich zu sehen.
Viel Spaß mit unserem Buch über Erling Haaland!
Ich bin **Info-Bot.** Ich kenne alle Zahlen und Rekorde!
SIMON
DAN

In der Reihe „Megastars" bisher erschienen:

Alles über Mbappé
Alles über Haaland
Alles über Ronaldo
Alles über Lewandowski
Alles über Messi
Alles über Kane
Alles über Yamal
Alles über Fußball
Alles über Verstappen

FSC MIX Board | Paper FSC® C111262

Postfach 2460, 88194 Ravensburg

Übersetzung: Ulrich Thiele
Fachlektorat: Stefanie Hahn
Stand der Fachinformationen: November 2025
Titel der Originalausgabe:
Football Superstars. Haaland Rules

ISBN 978-3-473-46351-0

ravensburger.com/service

FUßBALL-STARS

ALLES ÜBER

HAALAND

VOM Fußball-Talent ZUM MEGASTAR

SIMON MUGFORD DAN GREEN

AUS DEM ENGLISCHEN VON ULRICH THIELE

Ravensburger

INHALT

1. KAPITEL

WUNDER-KIND

Dürfen wir vorstellen? Das ist der

GENIALE

Stürmer **Erling Haaland!** Der junge **Norweger** stellt mit seinen **irren Toren** jede Liga auf den Kopf – egal ob **Bundesliga, englische Liga** oder **Champions League!** Er ist einer der größten Stürmer der Welt.

23
Haaland ist ein FUSSBALL-
MEGASTAR.
In diesem Buch geht es nur um ihn!

ABER WARUM IST
ERLING HAALAND
SO GUT?
HAALAND
3
BAM!

KRAFT
Er überwindet mit seinem starken Körper jeden Verteidiger.

GRÖSSE
Er ist fast zwei Meter groß und damit größer als die meisten Gegner.

Abschluss
Fast jeder Schuss ist ein Treffer.

Lächeln
Er spielt immer mit einem Lächeln auf den Lippen.

Schnelligkeit
Er ist einer der schnellsten Spieler – mit und ohne Ball.

TORE, TORE, TORE!
Das Wichtigste: Er trifft und trifft und trifft …

HAALAND IN ZAHLEN

ERLING IST **SO JUNG** UND HAT SCHON **SO VIEL** GESCHAFFT:

ÜBER 350 TORE INSGESAMT

86 TORE IN 89 SPIELEN

für **Borussia Dortmund**

58 TORE IN DEN ERSTEN 59 SPIELEN FÜR MANCHESTER CITY

4 SIEGE IM POKAL
(zweimal in Österreich, einmal in Deutschland, einmal in England)

1 Mal **UEFA Fußballer des Jahres**

2 Mal **ENGLISCHER MEISTER**

Ungefähr
180
MILLIONEN EURO Marktwert

Mehr als 38 MILLIONEN
Fans auf Instagram

ERLINGS AUSWEIS

NAME: *Erling Braut Haaland*

SPITZNAME: *Terminator, Haalandinho*

GEBURTSTAG: *21. Juli 2000*

GEBURTSORT: *Leeds, England*

GRÖSSE: *1,94 Meter*

POSITION: *Sturm*

VEREINE: *Bryne FK, Molde FK, Red Bull Salzburg, Borussia Dortmund, Manchester City*

NATIONALMANNSCHAFT: *Norwegen*

LINKS- ODER RECHTSFUSS: *Linksfuß*

2. KAPITEL

GANZ DIE ELTERN

Erling Haaland kam im **Juli 2000** in **Leeds** zur Welt. Leeds ist eine Stadt in **England.**

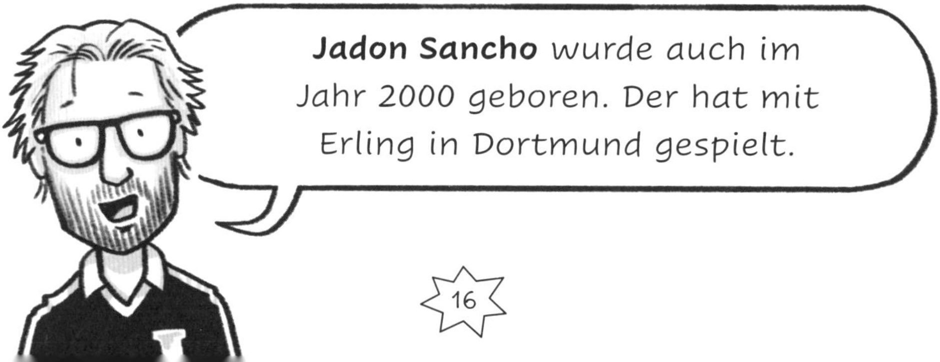

Erlings Papa **Alf-Inge Haaland** spielte in der **Premier League,** der ersten englischen Liga.

GANZ SCHÖN SPORTLICH

Erlings Mama **Gry Marita Braut** war auch Sportlerin. Sie wurde einmal norwegische Meisterin im **Siebenkampf.**

Erlings Papa war ein harter Mittelfeldspieler und Verteidiger. Er spielte für **Nottingham Forest, Leeds United** und **Manchester City.**

Sein größter Gegner war **Roy Keane,** ein Star von Manchester United.

Erling zog mit vier Jahren nach **Bryne** in **Norwegen.** Von dort kamen seine Eltern.

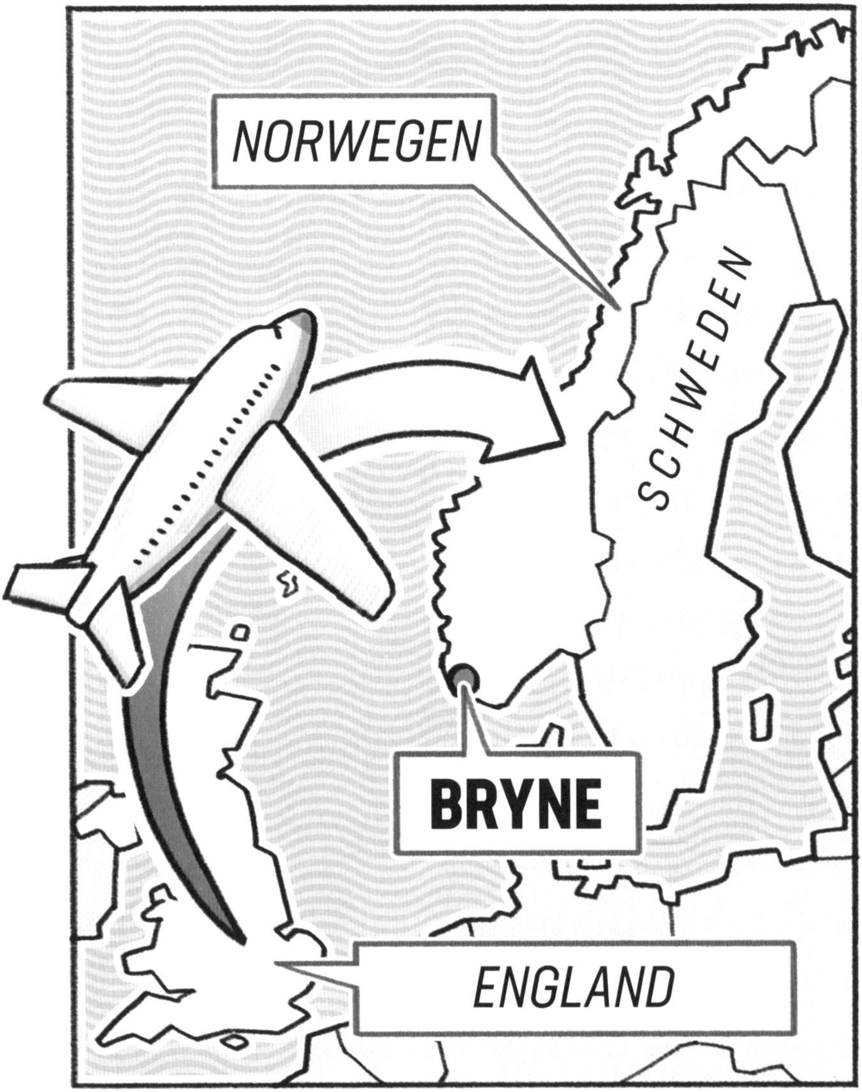

NORWEGEN IST DAS LAND DER ...
Mitternachtssonne
Huiii!
Wikinger
schönen Natur
Skifahrer
Weihnachtsbäume

In Norwegen sind bestimmte Sportarten beliebt.

Erlings Eltern zeigten sie ihm alle:

Erling sprang mit fünf Jahren **ohne Anlauf** 1,63 Meter weit. Das ist bis heute **Weltrekord!**
JAAA!
1,63 METER

Doch er hatte den größten Spaß am …

3. KAPITEL

HEIMAT-HELD

Erling spielte schon mit **FÜNF** Jahren für **Bryne,** den Verein seiner Heimatstadt. Er war klein, aber **OHO!**

In Norwegen wird es im Winter **EISKALT.**

Aber die Mädchen und Jungen bei Bryne hatten Glück: Erling und die anderen konnten in einer Halle spielen.

Erlings **junge Mannschaft** bei Bryne war **richtig gut.** Neben ihm spielte **Andrea Norheim.** Sie wurde später norwegische Nationalspielerin.

2017 gewann Andrea mit **Lyon** die **Champions League** der Frauen.

Erling wuchs und wuchs. Mit **15** war er ein langer, dünner Teenager.

Erling schaffte es schnell in die zweite Mannschaft von Bryne. In der Spielzeit **2015/16** schoss er gewaltige

18 TORE IN 14 SPIELEN!

Zur gleichen Zeit begann er, für **Norwegen** zu spielen. Er traf bei den Unter-15-Jährigen **VIER Mal** in **VIER Spielen.** Einmal gegen Schweden sogar direkt beim **Anstoß!**

Erling machte am **12. Mai 2016** sein erstes Spiel für die **erste Mannschaft** von Bryne. Da war er gerade mal **15!**

Erling spielte insgesamt **16** Mal für **Bryne.**

Er schoss kein Tor, doch er wurde ruhiger und passte besser auf. Und er spielte gut mit seinen Mitspielern zusammen.

1899 Hoffenheim aus der **Bundesliga** lud Erling zum Training ein. Doch er wollte lieber in Norwegen bleiben.

*Norwegisch für: „Nein danke."

Erling spielte gern für sein Land. Bei den **norwegischen Junioren** war er immer dabei.

Erling und seine Mitspieler Erik Botheim und Erik Tobias Sandberg von der U-16-Mannschaft drehten ein Rap-Video. Sie nannten sich

FLOW KINGZ.

„NIEMAND KONNTE SICH DAMALS VORSTELLEN, WAS EINMAL ALLES AUS IHM WERDEN WÜRDE.“
Gunnar Halle, Erlings Trainer bei der U15 von Norwegen

4. KAPITEL

ERLING UND OLE

Im **Februar 2017** zog Erling um. Er ging **700 Kilometer** weit in den Norden zum **Molde FK.** Erling war da erst 16 Jahre alt.

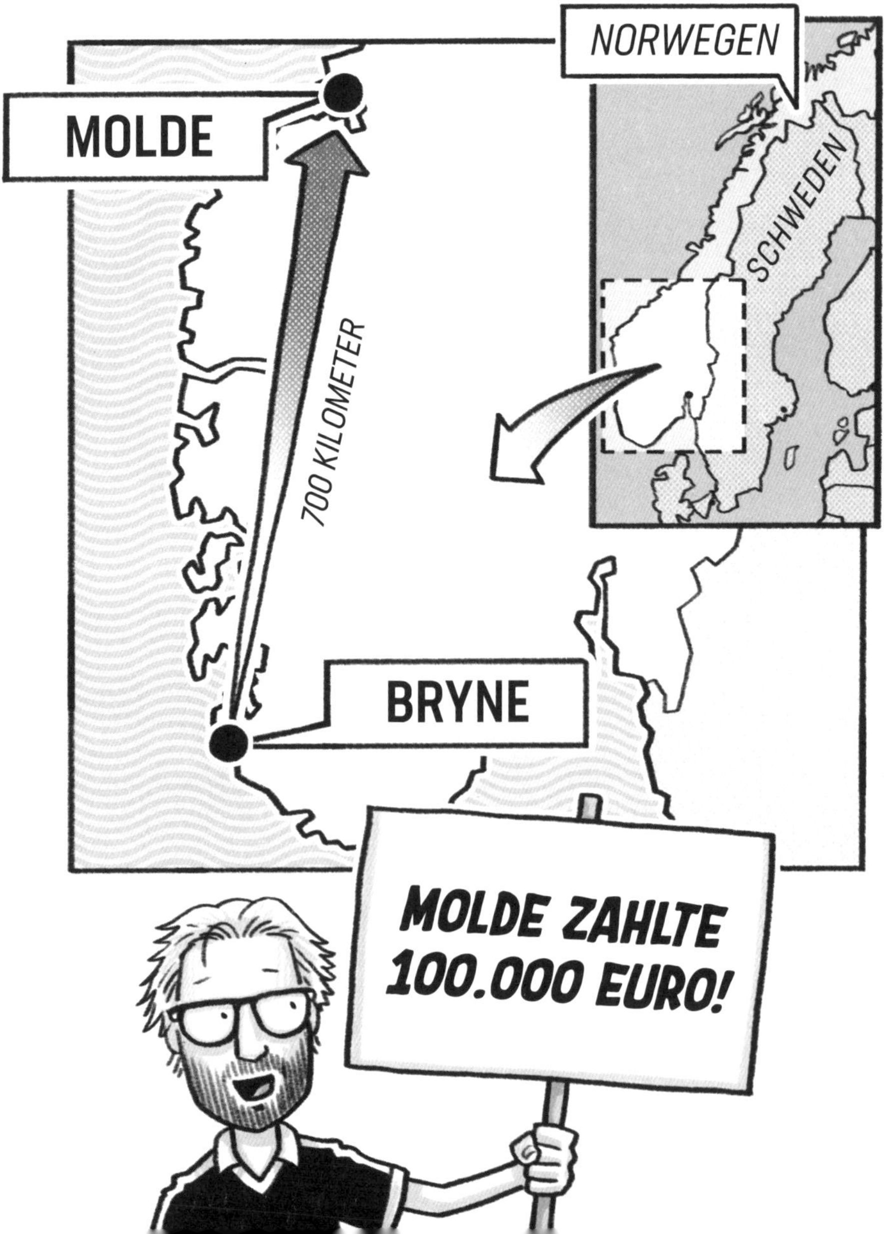

Der Trainer von Molde war **Ole Gunnar Solskjær,** ein früherer Star von Molde FK und **Manchester United.**

ERLING BEI MOLDE

HAALANDS HÖHEPUNKTE

26. APRIL 2017

NORWEGISCHER POKAL, ERSTE RUNDE

VOLDA TI – MOLDE FK 2 : 3

*Erlings **erstes Spiel für Molde!** Er **traf** sofort. Anfang der zweiten Halbzeit hämmerte er den Ball am Torwart vorbei.*

6. AUGUST 2017

ELITESERIEN

TROMSØ IL – MOLDE FK 1:2

Das Spiel war ausgeglichen. Dann kam Erling in der 71. Minute auf den Platz. Sechs Minuten später schoss er das Siegtor. Es war sein ***erstes Tor in der Liga.***

17. SEPTEMBER 2017

ELITESERIEN

VIKING FK – MOLDE FK 2:3

Es stand ***2:2.*** *Da brachte Solskjær seinen jungen Star. Und der schoss Molde zum* ***Sieg!***

Erling kam als **langer, dünner Kerl** zum Molde FK. Der Verein tat alles für den Teenager. Er wuchs ja noch!

Der **Koch** machte ihm norwegische **Hackbällchen** und **Schokokuchen.** Da konnte Erling nicht Nein sagen!

Erling schuftete mit dem **Fitnesstrainer** im Kraftraum. So wurde er zu einer riesig großen und starken Tormaschine!

DIE FANTASTISCHEN VIER

1. JULI 2018

ELITESERIEN

SK BRANN - MOLDE FK 0 : 4

Erling spielte zum ersten Mal seit fünf Spielen von Beginn an. Molde spielte auswärts gegen **Brann,** die beste Mannschaft der Liga.

Erling traf nach nur **VIER MINUTEN ...**

Und noch mal ...

Den Verteidigern von Brann wurde schwindelig. Erling machte **in 15 Minuten drei Tore.** Dann wurde **Eirik Hestad** im Strafraum gefoult ... und Erling versenkte den **Elfmeter** eiskalt!

Er schoss **VIER TORE** in den ersten **21 Minuten** des Spiels.

ERLINGS ZAHLEN BEI MOLDE

SPIELZEIT	SPIELE	TORE	VORLAGEN
2017	**20**	**4**	**1**
2018	**30**	**16**	**5**
GESAMT	**50**	**20**	**6**

„ES WAR EIN GUTES GEFÜHL! NACH DIESEM SPIEL WUSSTE ICH, WIE MAN ÖFTER TRIFFT.“

Erling über seine vier Tore gegen Brann

5. KAPITEL

DER JUNGE WIKINGER

ALLE NEUNE

30. MAI 2019

U-20-WELTMEISTERSCHAFT, GRUPPENPHASE

NORWEGEN – HONDURAS 12 : 0

Bei der **U-20-WM** im Jahr 2019 verlor Norwegen die ersten beiden Spiele. Doch gegen **Honduras ...**

... SCHOSS ERLING NEUN TORE!
Er gewann den Goldenen Schuh.
BLAM!
Das ist Rekord für Spiele der U-20-Weltmeisterschaft.
SO SAGTE ERLING DER WELT HALLO.

SCHON EIN GROSSER

Erling spielte schon mit **19** für die **Nationalmannschaft** von Norwegen. Seinen ersten Aufritt bei den Erwachsenen hatte er gegen Malta, im Vorturnier zur EM 2020.

Sein erstes Tor schoss er in der **Nations League** gegen **Österreich.** Das war am **4. September 2020.** Nur zwei Tage später traf er gegen Nordirland gleich **ZWEI** Mal.

23

NORWEGEN VOR!

Norwegens Mannschaft hatte bisher nie großen Erfolg. Das letzte Turnier des Landes war die **EM 2000.**

JA!
Und Norwegen hat sich dank Haaland für die **WM 2026** qualifiziert. In 10 WM-Quali-Spielen traf er **13 mal!**
Erling ist Norwegens größte **Hoffnung** für die ***ZUKUNFT.***

ERLING FÜR NORWEGEN

SPIELE	TORE	VORLAGEN
48	55	6

„ICH HÄTTE ZEHN SCHIESSEN SOLLEN. SCHADE, ABER AM ENDE SIND NEUN AUCH NICHT SCHLECHT.“

Erling über seine neun Tore gegen Honduras

6. KAPITEL

AUF NACH ÖSTER-REICH

Vereine aus **ganz Europa** hörten von Erlings Toren für Molde.

MANCHESTER UNITED ließ ihn beobachten.

LEEDS UNITED machte sogar ein Angebot. Der alte Verein von Erlings Papa!

Doch Erling entschied sich für

Österreich. Er wechselte im Januar 2019

zu **RED BULL SALZBURG.**

Salzburg ist eine sehr schöne Stadt. Der berühmte Musiker **Mozart** stammte von dort. Und gleich hinter Salzburg liegen die herrlichen **Alpen.**

Red Bull Salzburg hieß früher

SV Austria Salzburg. Doch 2005 kaufte

eine Getränkefirma den Verein.

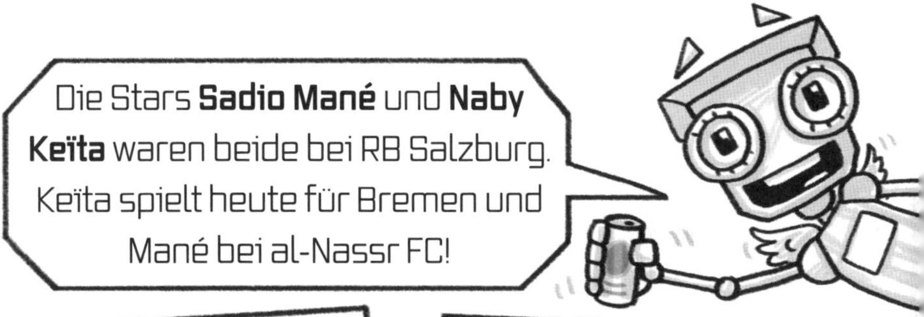

Salzburg zahlte für Erlings Wechsel rund

8 MILLIONEN EURO.

ERSTE SPIELE, ERSTE TORE

Erling stand am **17. Februar 2019** zum ersten Mal für Salzburg auf dem Platz, im österreichischen Pokal gegen Wiener Neustadt.

Er schoss am **12. Mai 2019** sein erstes Tor, in der Liga gegen LASK.

Am Anfang spielte Erling nur selten. Aber dann verließ der Stürmer **Munas Dabbur** den Verein. Und Jesse Marsch wurde Trainer.

HÖHEPUNKTE UND HATTRICKS

Erling war **2019/20** einfach nur

KRASS GUT drauf.

19. JULI 2019

ÖSTERREICHISCHER POKAL

SC/ESV PARNDORF 1
RED BULL SALZBURG 7

*Erling traf in der ersten Hälfte per Elfmeter und er machte das sechste und siebte Tor. Sein **erster Hattrick für Salzburg!***

10. AUGUST 2019

ÖSTERREICHISCHE LIGA

RED BULL SALZBURG 5
WOLFSBERGER AC 2

*Erling machte im **dritten Spiel** seinen **ersten Hattrick** in der Liga.*

14. SEPTEMBER 2019

ÖSTERREICHISCHE LIGA

RED BULL SALZBURG 7
TSV HARTBERG 2

*Erlings **DRITTER Hattrick** für Salzburg führte zu **ELF** Toren in **SECHS** Ligaspielen.*

SUPER START

17. SEPTEMBER 2019

CHAMPIONS LEAGUE, GRUPPENPHASE

RED BULL SALZBURG - KRC GENK 6 : 2

Es war Salzburgs erstes Spiel in der Champions League 2019/20 und Erlings **erster Auftritt** bei Europas Besten.

Erling traf schon nach **zwei Minuten.** In der **ersten Halbzeit** machte er ganze **DREI TORE.** Direkt ein **Hattrick** in seinem ersten Spiel in der Champions League!

DER JUNGE STAR

Erling sammelte auch in der Champions League jede Menge Tore. Damit sorgte er rund um die Welt für **Schlagzeilen.**

ERLING WAR ...

... der erste Spieler unter 20 mit einem Treffer bei seinem ersten Spiel in der Champions League seit **Wayne Rooney 2004.**

... der erste Spieler unter 20 mit Treffern in **FÜNF Champions-League-Spielen** in Folge.

... der erste Spieler überhaupt mit **ACHT Toren** in seinen **ersten fünf** Spielen in der Champions League.

ERLINGS ZAHLEN BEI SALZBURG

SPIELZEIT	SPIELE	TORE	VORLAGEN
2018/19	5	1	0
2019/20	22	28	7
GESAMT	27	29	7

7. KAPITEL

ERLING, DER GROSSE

Wer hatte als jüngster Spieler **20 TORE in der Champions League?**

NATÜRLICH ERLING!

	**ERLING HAALAND**	20 JAHRE, 231 TAGE
	**KYLIAN MBAPPÉ**	21 JAHRE, 355 TAGE
	**LIONEL MESSI**	22 JAHRE, 266 TAGE
	**RAÚL**	22 JAHRE, 297 TAGE

	***ALESSANDRO DEL PIERO***	*23 JAHRE, 157 TAGE*
	***KARIM BENZEMA***	*23 JAHRE, 282 TAGE*
	***WAYNE ROONEY***	*24 JAHRE, 157 TAGE*

Erling kam auch **am schnellsten** auf 20 Tore, nämlich in nur **14 SPIELEN.** Auf Platz 2 liegt **Harry Kane.** Der brauchte **zehn** Spiele mehr!

Wer hatte als jüngster Spieler

100 TORE INSGESAMT? Erling kann mit

den ***ALLERBESTEN*** mithalten!

NEYMAR

20 Jahre und 1 Monat

173 Spiele

HAALAND

20 Jahre und 7 Monate

146 Spiele

DIE WENIGSTEN SPIELE

MBAPPÉ

20 Jahre und 5 Monate

180 Spiele

MESSI

22 Jahre und 3 Monate

214 Spiele

RONALDO

22 Jahre und 11 Monate

298 Spiele

Wie schlägt **Erling** sich heute im Vergleich

mit **Kylian Mbappe?**

Das sind die Zahlen der letzten Spielzeiten:

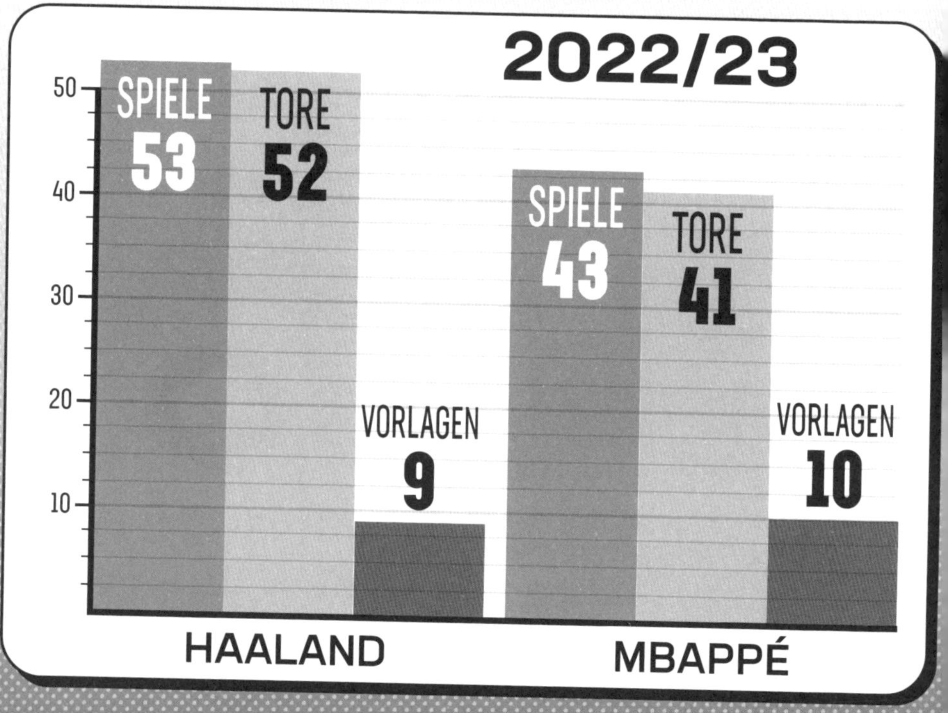

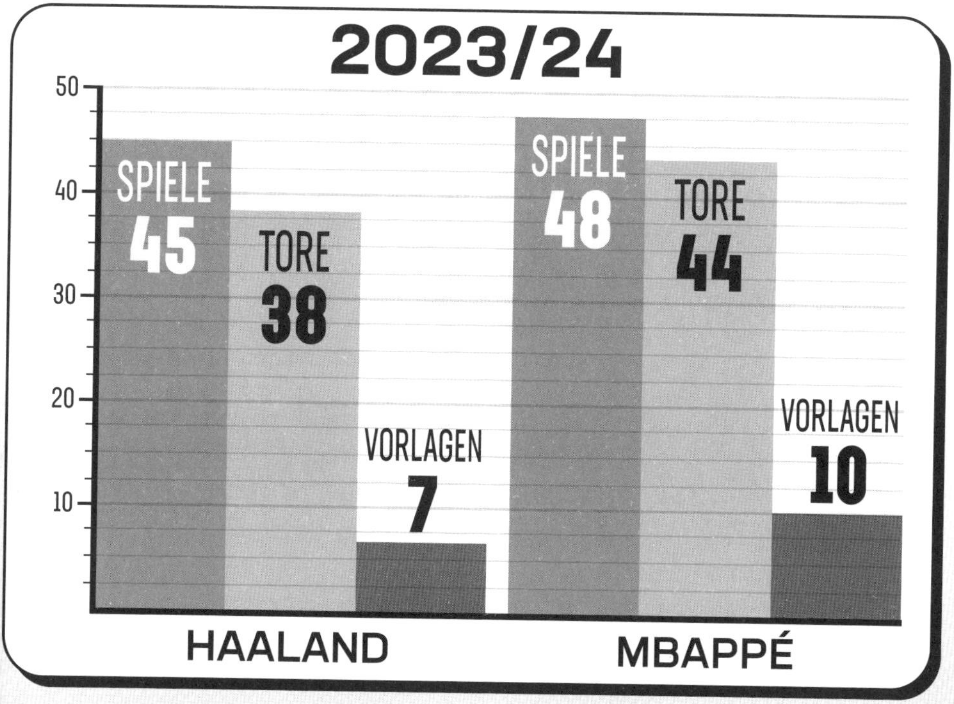
2023/24
50
40
30
20
10
SPIELE 45
TORE 38
VORLAGEN 7
SPIELE 48
TORE 44
VORLAGEN 10
HAALAND
MBAPPÉ

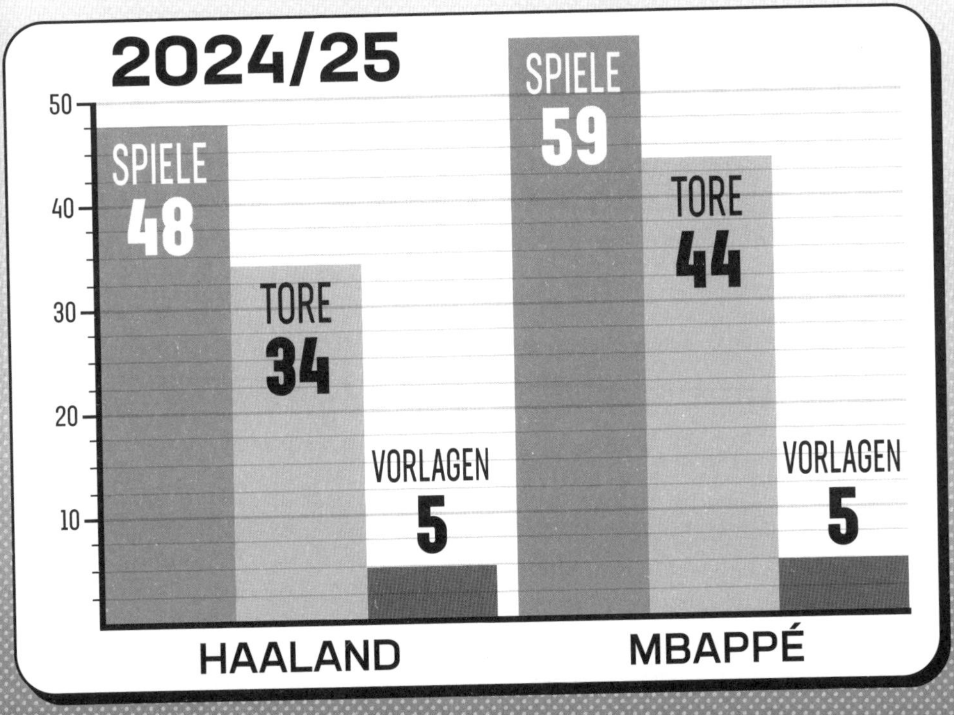
2024/25
50
40
30
20
10
SPIELE 48
TORE 34
VORLAGEN 5
SPIELE 59
TORE 44
VORLAGEN 5
HAALAND
MBAPPÉ

HAALAND GEGEN

KANE GEGEN

RONALDO GEGEN

MESSI

DIE STÄRKSTEN DER STARKEN

2022/23	SPIELE	TORE	VORLAGEN
HAALAND	53	52	9
KANE	49	32	6
RONALDO	35	17	4
MESSI	55	32	25

2023/24	SPIELE	TORE	VORLAGEN
HAALAND	45	38	7
KANE	45	44	12
RONALDO	45	44	13
MESSI	25	23	13

2024/25	SPIELE	TORE	VORLAGEN
HAALAND	48	34	5
KANE	51	41	14
RONALDO	41	35	4
MESSI	46	42	20

DER NEUE ZLATAN?

AUS DEM NORDEN

ÜBER 1,90 METER GROSS

TRAUT SICH ALLES ZU

Tore bis zum Alter von 21 Jahren:

ZLATAN 35

ERLING 97

Es kann nur einen **Zlatan Ibrahimović** geben. Doch Erling könnte noch besser werden als der schwedische Fußball-Gott …

Es gab viel Gerede über Erlings Zukunft. Fast alle **großen Vereine** waren hinter ihm her. Zu welchem Verein würde er gehen?

8. KAPITEL

BORUSSIA HAALAND

Erling war Ende 2019 das Thema Nummer 1 in der Welt des Fußballs. **Manchester United** und **Juventus Turin** wollten ihn unbedingt.

Doch Erling ging lieber nach **Deutschland** zu

Dortmund gehört zur Spitze der Bundesliga. Der Verein ist **ACHTFACHER Meister** und gewann einmal die **Champions League.**

Jürgen Klopp und **Thomas Tuchel** waren früher Trainer von Dortmund.

Jürgen Klopp

Thomas Tuchel

In Erlings Mannschaft spielten:

Jadon Sancho

Englisches Flügel-Ass

Thorgan Hazard

Der Bruder von Eden

Achraf Hakimi

Regelt rechts außen

SUPER START, NR. 2

18. JANUAR 2020

BUNDESLIGA

FC AUGSBURG 3
BORUSSIA DORTMUND 5

Dortmund lag **3 : 1** hinten. Doch in der **56. Minute**

kam der neue Mann …

Drei Minuten später legte **Sancho** vor.

Und Erling so:

Dann schob er locker ein zum

ZWEITEN ...

... und krönte ein geniales Solo mit dem **DRITTEN** Tor. Das Spiel war gedreht und Erling schaffte wieder im ersten Spiel den ersten Hattrick.

DAS BESTE AUS DER BUNDESLIGA

HAALANDS HÖHEPUNKTE BEI BORUSSIA DORTMUND

1. FEBRUAR 2020

BUNDESLIGA

BORUSSIA DORTMUND 5
UNION BERLIN 0

*Erling schoss das **zweite** und **fünfte** Tor. Dabei war es erst sein **DRITTES** Spiel in der Liga!*

Erling ist der erste Spieler der Bundesliga mit **SIEBEN** Toren in seinen **ersten drei** Spielen.

21. NOVEMBER 2020

BUNDESLIGA

HERTHA BSC 2
BORUSSIA DORTMUND 5

*Erling spielte nur für **32** Minuten in der zweiten Halbzeit. Er schmiss den Turbo an und machte **VIER** Bälle rein. Was für eine **Leistung!***

EHRUNGEN:

GOLDEN BOY
2020

BUNDESLIGA-SPIELER DES JAHRES
2020/21

Bester Spieler Europas unter 21

WELTSTARS GESCHOCKT!

18. FEBRUAR 2020

CHAMPIONS LEAGUE

BORUSSIA DORTMUND - PSG 2:1

Erling hatte bisher für Salzburg **ACHT** Tore in der Champions League geschossen. Für Dortmund machte er gleich zwei. **Neymar** und **Mbappé** konnten nur staunen.

MEISTE TORE IN DER CHAMPIONS LEAGUE

2019/20

1	ROBERT LEWANDOWSKI	*FC BAYERN MÜNCHEN*	15
2	**ERLING HAALAND**	*BORUSSIA DORTMUND*	10
3	SERGE GNABRY	*FC BAYERN MÜNCHEN*	9

2020/21

1	**ERLING HAALAND**	*BORUSSIA DORTMUND*	10
2	KYLIAN MBAPPÉ	*PARIS SAINT-GERMAIN*	8
3	KARIM BENZEMA	*REAL MADRID*	6

ERLINGS ZAHLEN BEI DORTMUND

SPIELZEIT	SPIELE	TORE	VORLAGEN
2019/20	18	16	3
2020/21	41	41	12
2021/22	30	29	8
GESAMT	89	86	23

9. KAPITEL

BOSSE DER BUNDESLIGA

ERSTER IN DER BUNDESLIGA

ERLING IST DER …

… jüngste Spieler mit **vier Toren** in einem Spiel (20 Jahre, 123 Tage).

… erste Spieler mit einem **Hattrick** im **ersten Spiel** von der Bank.

… Schütze des schnellsten **Hattricks** der Bundesliga in seinem **ersten Spiel** (19 Minuten, 48 Sekunden).

… jüngste Spieler mit **49 Toren** in **49 Spielen.**

… erste Spieler mit **neun Toren** in seinen **ersten sechs Spielen.**

Und er hat am schnellsten **sechs** Tore in der Liga geschossen (in 77 Minuten)!

LIGA-LEGENDEN

ERLING WAR NICHT DER ERSTE GENIALE STÜRMER DER BUNDESLIGA.

ROBERT LEWANDOWSKI 2010-2022

Der Pole spielte für Dortmund und Bayern München. Er schoss **SECHS** Mal die meisten Tore der Liga. Und er hält die Rekorde für die meisten Tore in einer Spielzeit (41) und den **schnellsten Hattrick** (3 Minuten, 22 Sekunden).

GERD MÜLLER 1965-1979

„Der Bomber"

schoss die **meisten Tore** in der Liga.

Er gilt als einer der besten Stürmer aller Zeiten.

MANFRED BURGSMÜLLER 1968-1990

Er erzielte die meisten Treffer für Borussia Dortmund (158).

Später spielte er **American Football!**

WER TRIFFT ÖFTER?

GERD MÜLLER

1965–1979

427 Spiele

365 Tore

Tore pro Spiel: **0,85**

ROBERT LEWANDOWSKI

2010–2022

384 Spiele

312 Tore

Tore pro Spiel: **0,81**

KLAUS FISCHER

1968–1988

535 Spiele

268 Tore

Tore pro Spiel: **0,50**

ERLING IM VERGLEICH MIT DEN BESTEN DER BUNDESLIGA!

KARL-HEINZ RUMMENIGGE

1974–1984

310 Spiele

162 Tore

Tore pro Spiel: **0,52**

THOMAS MÜLLER

2008–2025

503 Spiele

150 Tore

Tore pro Spiel: **0,30**

ERLING HAALAND

2019–2022

67 Spiele

62 Tore

Tore pro Spiel: **0,921!**

Jürgen Klinsmann, deutsche Stürmer-Legende, über Erling

10. KAPITEL

DIE NEUEN STARS

Die Nachfolger von **Ronaldo** und **Messi?**

ERLING HAALAND und

KYLIAN MBAPPÉ.

UND WER KANN VIELLEICHT AUCH
EIN STAR WERDEN?

ANSU FATI

GEBOREN: **31. Oktober 2002**

VEREIN, LAND: **FC Barcelona, Spanien**

POSITION: **Sturm**

MARKTWERT UNGEFÄHR: **10 Millionen Euro**

Fati war in **La Masia,** der berühmten Fußball-Schule von Barcelona. Er ist ein genialer Dribbler und er hat ein tolles Auge für das Spiel.

Fati ist der **jüngste Torschütze** in der **Champions League** (17 Jahre, 40 Tage).

PHIL FODEN

GEBOREN: **28. Mai 2000**

VEREIN, LAND: **Manchester City, England**

POSITION: **Mittelfeld**

MARKTWERT UNGEFÄHR: **110 Millionen Euro**

Foden ging mit **VIER** Jahren zu Manchester City. Er ist selbst schon immer Fan des Vereins! Heute ist er ein Meister des Mittelfelds. Und Tore schießt er auch noch!

JUDE BELLINGHAM

GEBOREN: **29. Juni 2003**

VEREIN, LAND: **Real Madrid, Spanien**

POSITION: **Mittelfeld**

MARKTWERT UNGEFÄHR: **180 Millionen Euro**

Jude wechselte direkt von der **zweiten englischen Liga** nach Dortmund. Plötzlich spielte er **Champions League!** Seit der Saison 2023/24 ist er ein wahrer Zauberer am Ball bei Real Madrid.

Bei der **WM 2022** legte Jude gegen Senegal ein Tor vor. Das hatte in einem K.-o.-Spiel einer WM noch kein **so junger Spieler** geschafft!

PEDRI

GEBOREN: **25. November 2002**

VEREIN, LAND: **FC Barcelona, Spanien**

POSITION: **Mittelfeld**

MARKTWERT UNGEFÄHR: **140 Millionen Euro**

Pedri war einer von Spaniens stärksten Spielern bei der **WM 2022.** Seine Technik und seine Übersicht sind fast schon so gut wie die von **Andrés Iniesta.** Der lenkte früher das Mittelfeld von Barcelona.

Bei der WM 2022 holte Pedri Mbappé ein: Beide hatten mit **unter 20 Jahren** schon **sieben** Spiele bei einer **EM** oder **WM!**

JADON SANCHO

GEBOREN: **25. März 2000**

VEREIN, LAND: **Manchester United, England**

POSITION: **Sturm, Linksaußen**

MARKTWERT UNGEFÄHR: **25 Millionen Euro**

Erlings Ex-Kollege bei Dortmund wechselte 2021 zum großen Verein

Manchester United.

Im Finale der EM 2020 verschoss er einen Elfmeter.

Doch seine Tricks und sein Tempo können jedem Verteidiger Angst machen.

JOÃO FÉLIX

GEBOREN: **10. November 1999**

VEREIN, LAND: **Al-Nassr FC, Saudi-Arabien**

POSITION: **hängende Spitze**

MARKTWERT UNGEFÄHR: **20 Millionen Euro**

Félix ist **schnell und elegant.** Vorn kann er praktisch **überall** spielen. Kaum jemand ist so geschickt und gewitzt am Ball wie er. Kein Wunder, dass ihn der große FC Barcelona 2023 ins Team holte!

Félix ist der **jüngste Spieler** mit einem **Hattrick** in der **Europa League.**

BUKAYO SAKA

GEBOREN: **5. September 2001**

VEREIN, LAND: **Arsenal London, England**

POSITION: **Sturm, Rechtsaußen**

MARKTWERT UNGEFÄHR: **140 Millionen Euro**

Saka spielte zunächst links hinten. Aber er ist so schnell und hat so gute Ideen! Darum spielt er inzwischen weiter vorn. Im Finale der **EM 2020** verschoss er einen Elfmeter. Doch bei der **WM 2022** und der **EM 2024** zeigte er sein Können.

Saka war der **erste Spieler** in der **Premier League,** der 2001 geboren wurde.

11. KAPITEL

DER TERMINATOR

Erlings Fans haben ihm einen Spitznamen

gegeben: **DER TERMINATOR.**

So wie der Kampfroboter aus den Filmen mit

Arnold Schwarzenegger!

TERMINATOR

NICHT ZU STOPPEN
STARK
Er ist zurück!
T-800
IN ÖSTERREICH GEBOREN (zumindest Arnold selbst)
CYBORG (halb Mensch, halb Maschine)
BEDROHLICH (für jeden)
KOMMT AUS DER ZUKUNFT

TEMPO, TEMPO!

Erling zählt zu den ***SCHNELLSTEN*** Spielern der Welt. In einem Spiel gegen Paris Saint-Germain 2020 lief er **36 km/h.**

Mbappé schaffte 2019 gegen Monaco **38 km/h.**

Doch beide sind ganz klar **irre schnell.**

Auf kurzen Strecken könnten sie sogar schneller sein als **Usain Bolt.** Der ist aber über **100 Meter** immer noch am schnellsten.

Erling spielt mit so viel Kraft, Herz und Wille.

Deswegen muss er sich ab und zu ein bisschen

entspannen.

Nach manchen Toren setzt er sich hin wie zum **Meditieren.** Beim Meditieren kommt man zur Ruhe und kann sich von Kopf bis Fuß entspannen.

ICH MEDITIERE SEHR GERNE.

ERLING REGIERT!

Erling ist jetzt zurück in **England!** Heute bricht er für Manchester City Rekorde. Wo wird er wohl noch überall landen? Nur eins ist sicher: Erling wird **lächeln!**

Erling gewann mit Dortmund den **DFB-Pokal 2021.** Mit Manchester holte er schon das **TRIPLE** aus Meisterschaft, Pokal und **Champions League!**

ERLINGS EHRUNGEN

WAS ERLING BISHER ERREICHT HAT

ÖSTERREICHISCHER MEISTER

2018/19

2019/20

ÖSTERREICHISCHER POKAL

2018/19

2019/20

DFB-POKAL

2020/21

SPIELER DER SAISON PREMIER LEAGUE

2022/23

U-20-WM
GOLDENER SCHUH
2019
BUNDESLIGA-SPIELER
DES JAHRES
2020/21
TRIPLE-SIEGER:
ENGLISCHE MEISTERSCHAFT,
ENGLISCHER POKAL,
CHAMPIONS LEAGUE
2022/23
CHAMPIONS-LEAGUE-
TOPSCORER
2020/21
2022/23
UEFA EUROPAS
FUSSBALLER
DES JAHRES
2023

ERLING-QUIZ!

Was weißt du über ERLING HAALAND?
Mit diesem Quiz findest du es heraus – und kannst deine Freundinnen und Freunde abfragen!

1. Zu welchem Verein ging Erling mit fünf Jahren?

2. Welchen Rekord stellte Erling mit fünf Jahren auf?

3. Wer war Erlings Trainer bei Molde FK?

4. Wie viele Tore schoss Erling 2018 in einem Spiel gegen SK Brann?

5. Wie nannte sich Erlings Hip-Hop-Gruppe?

6. Gegen welches Land traf Erling bei der U-20-WM 2019 neun Mal?

---

7. Wie viele Tore machte Erling bei seinem ersten Spiel in der Champions League?

---

8. Wie viele Spiele in der Champions League brauchte Erling für 20 Tore?

---

9. Mit welchem Verein gewann Erling den DFB-Pokal?

---

10. Wann wurde Erling Europas Fußballer des Jahres?

Antworten

1. Bryne FK
2. Weitsprung ohne Anlauf
3. Ole Gunnar Solskjær
4. Vier Tore
5. Flow Kingz
6. Honduras
7. Drei Tore
8. 14 Spiele
9. Borussia Dortmund
10. 2023

ERLING-LEXIKON:
WICHTIGE WÖRTER

Österreichische Bundesliga
Die höchste Fußballliga von Österreich.

Premier League
Die höchste Fußballliga von England. Gilt als vielleicht stärkste Liga der Welt.

Golden Boy
Auszeichnung für den besten Spieler unter 21 in Europa.

Eliteserien
Die höchste Fußballliga von Norwegen.

Champions League
Wichtiger Wettbewerb im europäischen Fußball mit den besten Vereinen aus vielen Ländern. Der Sieger gilt als beste Mannschaft Europas.

DFB-Pokal
Turnier, bei dem alle deutschen Vereine aus den verschiedenen Ligen mitspielen können.